はじめまして

ネイル人口　1800万人の皆様へ
この本はネイルの専門書ではなく
ネイルを使っての開運法の初級編です。
全部で三部作ですのでよろしかったら
おつきあい下さいませ。

NAKAIMA（ナカイマ）より

ネイル開運法

美容・健康・若返り・金運・恋愛

ありがとうございます

中今
NAKAIMA

明窓出版

もくじ

健康とは美容＝若返り……4

開運ネイル法とは?……6

実践ネイルカラー入門……8

開運パワー発生機……10

あなたはどのタイプ？（参考資料）…… 12

誕生日とネイルカラー…… 14

人生いろいろ？…… 16

ネイルコンテスト作品募集…… 18

おわりに（著者プロフィール）…… 20

＊この本には、持っているだけで幸せになれる
波動（エネルギー）を転写入力しています。
1000円でなく、1億円の値打ちあり（笑）。

健康とは美容＝若返り

健康とは心と身体そして

人生はパッと見で90％決まる！
オーラの輝き、しぐさ、etc.
美しさの容積＝美容です。
どんなにブランドバッグやステキな
服を着てもまずは健康が一番です。
そして若返りができるひとであれ！

若返りの秘訣とは

生命原理と大自然の五行の法則に
しっかりと合った生き方をする。
A　少食にする（男も食べ過ぎない）。（笑）
B　おいしい水と元気な天然塩を摂る。
C　福・禄・寿の大切さを理解する！
　　福は人間関係、禄はお金、寿は健康

開運ネイル法とは？

ネイルで開運てど〜するの？

爪も生きています。無理をさせないで、健康を保ってくださいね。

① ३日たったらネイルを取る。
　（４日に１日は休ませてください）
② 生理時はネイルをしない。
　（内臓に影響を与えることも……）
③ タバコはやめてくださいね。
　（ビタミンが不足します）

＊お酒は日本酒、大吟醸をお勧めします！

ネイルと開運色

色の法則を知らずに、ただネイルをしている人がほとんどです。指と内臓との5つの対応色を使うだけで、身体が健康になります。
東洋医学の陰陽五行説に従ったネイル開運法はこの本でしか教えていません。
次ページの、5本の指と5色の関係だけ覚えてくださいね！

実践ネイルカラー入門

これだけは覚えてね！

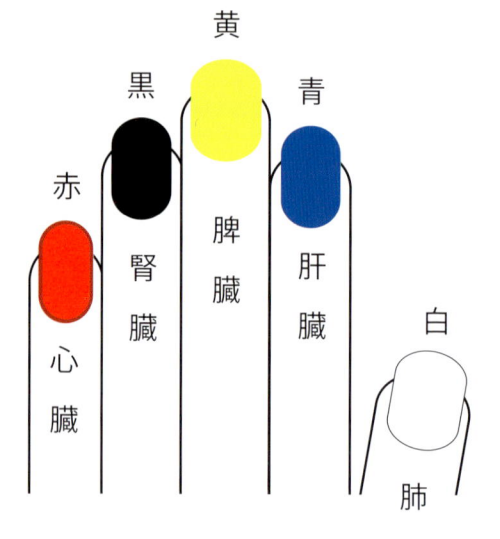

- 赤 — 心臓
- 黒 — 腎臓
- 黄 — 脾臓
- 青 — 肝臓
- 白 — 肺

内蔵に悪いところがあれば、そこに対応する指をよくもんでください（特に爪の生え際）。

◎ 両手ネイル基本色 ◎

黒 腎臓
白 肺
黄 脾臓
赤 心臓
青 肝臓

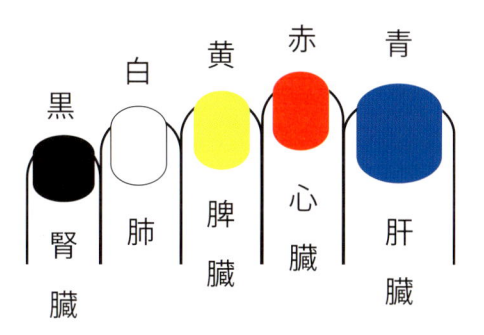

内蔵に悪いところがあれば、そこに対応する指をよくもんでください（特に爪の生え際）。

◎ 両足ネイル基本色 ◎

開運パワー発生機

_____年_____月_____日
（自分の生年月日を書く）

＊この絵には不思議なエネルギーを入力しました

絵のネイルの上に、自分のネイルを5分間置くと、
開運パワーが入ります！（左手用）

魔法のパワーハンドです！（笑）

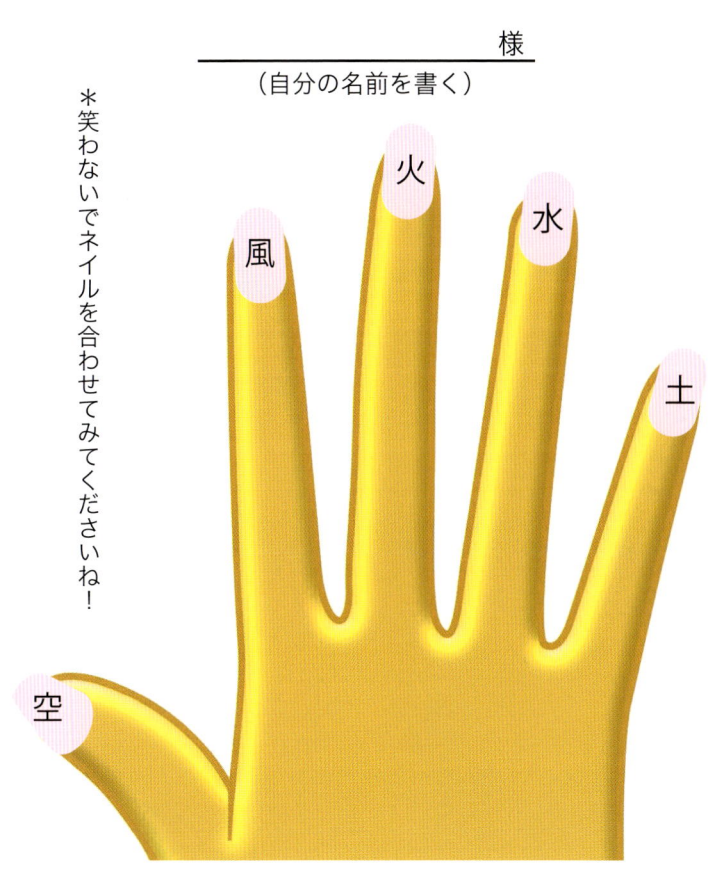

_____ 様
（自分の名前を書く）

＊笑わないでネイルを合わせてみてくださいね！

風

火

水

土

空

五行五大のエレメントパワーがネイルに宿ります。
パワーが入ると念じてくださいね。（右手用）

あなたはどのタイプ？

顔や体の特徴	生理の様子	性　格	五体質
顔が青白い 舌全体が赤く、舌苔がある 目が疲れやすい 足がつりやすい	周期がマチマチで不安定 生理前に胸やお腹が張る 生理前にはイライラする	酸っぱいもの好き どちらかというと短気	肝
顔色が赤っぽい 舌の先が赤い 手足がよく痛む すぐドキドキする	経血量は全体的に少ない 生理中はだるくて疲れやすい 生理中はひどく落ち込む	苦いもの好き 集団よりも単独が好き 寝つきが悪い、眠りが浅い	心
顔色が黄色っぽい シミ・ソバカスが多い 便秘・下痢を繰り返しやすい	生理がダラダラ続くほうだ 生理痛がひどい レバーのような塊がでる事がある	甘いもの好き クヨクヨと悩む プライドが高い	脾
顔色が白っぽい 舌がつるんとしたピンク 鼻がつまりやすい 乾燥肌	経血量は少ない 経血の色が濃く粘りがある	辛いもの好き 辛抱強いほうだ 冷静沈着といわれる	肺
顔色は黒っぽい 年の割に白髪がある むくみやすい	生理中は体が冷える 生理中は下腹部が痛む	塩辛いものが好き 怖がりなほうだ 慎重派だけどあきらめは早い	腎

弱りやすい季	弱りやすい臓	弱りやすい腑	出やすい症状	摂ると良い味覚	ラッキーカラー	摂ると良い食べ物
春	肝	胆	眼	酸	青	春野菜 酢のもの
夏	心	小腸	舌	苦	赤	人参 トマト
土用	脾	胃	口唇	甘	黄	かぼちゃ 玄米 きび
秋	肺	大腸	鼻	辛	白	大根
冬	腎	膀胱	耳	塩辛	黒	そば 黒ごま 黒豆 ワカメ

誕生日とネイルカラー

自分の誕生日でネイルカラーを選ぶのも、良い方法です！　小指に使うと、特に良い色です。

（どの季節に生まれたの？）
春 → 青をベース（またはグリーン）
夏 → 赤をベース（またはゴールド）
秋 → 白をベース（またはピンク）
冬 → 黒をベース（またはシルバー）

５本の指に対して、それぞれ違う色遣いがカッコ悪いと思う方は、足のネイルに使ってください。健康がアップします！
健康 → ５色のネイルカラー
美容 → 自分の誕生日の季節のカラー
開運 → アイテムの使い分け

ネイルに付けるアイテム

市販されているアイテムは200種類以上ありますが、開運法で使うアイテムの色は３種類のみ！　やはり、小指に使うと特に良い色です。

銀（月・木）
金（金・日）
星（水・土）

＊小指は生体磁場を整えるセンサーですから、親指の次に大切です。

人生いろいろ？

どんな人でも幸せになりたいのです。
幸せには、4つの暗号があります！

・言霊（ことだま）プラスの言葉遣い！
・音玉（おとだま）好きな音楽を！
・色霊（しきだま）自分の好きな色を選ぶ！
・数霊（かずたま）自分のラッキー数を知る！

※詳しくは「福禄寿」（明窓出版刊 白峰著）を読んで下さい！ そして、温泉で開運したい方は「温泉風水開運法」（明窓出版刊 光悠白峰著）を読んでね！

食生活を変えて人生も変身
（でも、食生活では変えられないことは……？）

・顔の造形が良くなかったら
　　　　……美容整形を勧めます！
　（※顔は脳、そして心の窓です）
・性格が悪かったら……自分の責任です！
　（※恋をすると性格は変わります）
・子供が悪かったら……親の責任です！
　（※環境が人生を創ります）

ネイルコンテスト・作品募集！

貴方のネイル作品をメールにてご応募くださいね。
年に２回、コンテストを行います。

住所・氏名・年齢・TEL番号・携帯電話・メールアドレス・趣味・コメントを添付して、下記まで作品の写真データを送って下さい。

info@sakal.jp
ネイルコンテスト係まで

2008年度　10月10日締切
　　　　　12月25日結果発表

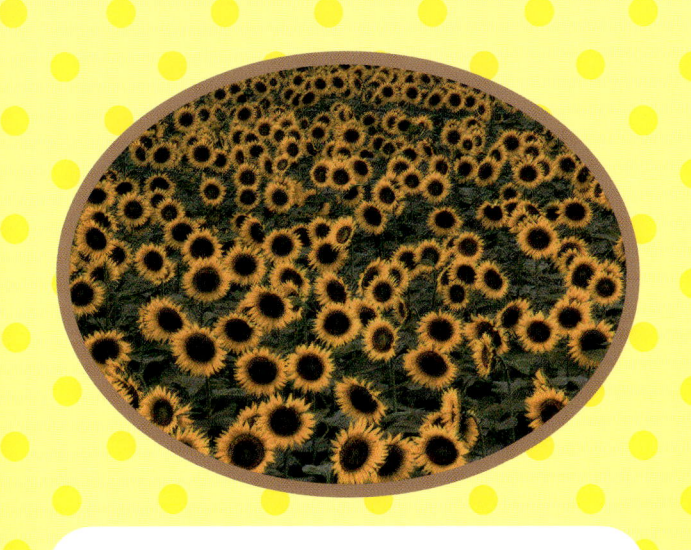

賞　品

ネイル大賞（賞状とトロフィーと記念品）１名

優秀賞（商品券１万円分、開運ネックレス）４名

アイデア賞（ビール券６枚）５名

努力賞（図書券1000円）５名

３年続けて優勝した方は「ミス・ネイル」に
認定します！（ネイルモデリストに登録）

おわりに

ネイル開運法の極意とは
（親孝行から始まる）

① 自分の生年月日にこだわる！（春夏秋冬）
② 五本の指には指定の色を使う！
　　　　　　　　　　（5色こそ開運に）

◎ 親指のアイテムは ◎
③ 星（自分の願いを星に！→心願成就）
④ 金（自分を表現したい時→金運チャンス）
⑤ 銀（ギンギラギンにさりげなく
　　　　　　　　　　→デートの時）

◎ 開運ネックレス希望者は
　　　　→ http://sakal.jp まで
（もっとネイルを知りたい方も）

《著者プロフィール》

中今悠天 (NAKAIMA)

謎の風水師N氏(白峰氏)として活躍し、平成20年より青少年育成のために絵本作家として再スタート。今話題のネイルを、美容と健康に活用できる風水術の開運法としてここに紹介！(三部作の第一弾)
NAKAIMAとは、今この瞬間を精一杯生きること！
白峰著書(「福禄寿(幸せの暗号)」「温泉風水開運法」明窓出版)本のご注文は明窓出版まで
FAX ０３-３３８０-６４２４

ネイル開運法

平成20年4月8日（天赦日）初版発行
著者名　中今（NAKAIMA・ナカイマ）
発行者　増本利博　　編集　麻生明輝名
発行所　明窓出版株式会社
　〒164-0012　東京都中野区本町6-27-13
　電話　03（3380）8303　FAX　03（3380）6424
　振替　00160 - 1 - 192766
印刷所　株式会社シナノ

落丁・乱丁はお取り替えいたします。
定価はカバーに表示してあります。
2008　©NAKAIMA　Printed in Japan